Contenido

¿Cómo nos hacemos responsables de los avances tecnológicos?

Recuerda hacer tus anotaciones mientras lees.

Notas

Policías robot

Judi Black

1   Los policías afrontan situaciones potencialmente peligrosas cada día. Afortunadamente, hay nuevos policías en las calles que pueden proteger a sus compañeros de resultar heridos en su trabajo. Algunas unidades están usando robots, o policías robot, para confrontar situaciones que ponen en riesgo a agentes y perros policía.

2   "Son muchas las ventajas de usar robots en lugar de poner en riesgo la seguridad de un agente o un perro", señala Stephen Sicard, un policía estatal de Massachussets. Los robots utilizados por la policía vienen en diferentes formas y tamaños. Y se usan de varias maneras.

3   Uno de los usos principales de los robots policía es para ayudar a detectar bombas. Cuando los agentes sospechan que una bomba ha sido colocada en cierto lugar, usan un robot dirigido por control remoto para evaluar la situación desde una distancia segura. Equipados con sistemas de video y audio, estos robots envían imágenes y sonido a los agentes. Si se detecta una bomba, la policía puede manejar el robot y mover la bomba a otro lugar, lejos de las personas.

Los robots policía pueden hacer trabajos como la detección de bombas, que ponen en riesgo la vida de personas y perros.

Los robots son útiles, pero costosos de mantener.

4   La policía de fronteras de Estados Unidos usa robots para luchar contra el tráfico ilegal dentro del país por vía subterránea. A veces, los traficantes construyen túneles a lo largo de la frontera para transportar productos ilegales. "Si encontramos un túnel, preferimos enviar un robot para despejar el camino e identificar cualquier amenaza, bien sea contrabando o personas que puedan llevar armas. De esta manera, los agentes pueden saber con antelación si la estructura del túnel es segura", dice el agente Kevin Hecht, un experto de la patrulla fronteriza. La policía también usa robots para trabajar en áreas con materiales peligrosos.

5   La principal ventaja de los robots es que pueden salvar la vida de los agentes. La principal desventaja es que son muy caros. Un robot puede costar alrededor de 14,000 dólares. Muchas unidades policiales pequeñas no pueden permitirse ese gasto. Los agentes, por tanto, corren un alto riesgo de resultar heridos o morir en situaciones peligrosas que podrían ser más seguras si son manejadas por robots.

6   ¿Podrán los robots sustituir a los agentes de policía en el futuro? No parece probable de momento porque los robots no son autónomos. En la actualidad, no pueden pensar por sí mismos y requieren control humano para sus acciones. Sin embargo, es muy probable que, a medida que la tecnología sea más asequible, la presencia de los robots en las unidades de policía sea cada vez más común.

Notas

Los robots en el trabajo

Anna Miller

Robots en una cadena de montaje de automóviles.

1   Un ruido constante inunda el ambiente de la fábrica mientras los trabajadores ensamblan piezas en una cadena de montaje de automóviles. Sus precisos movimientos se repiten una y otra vez y trabajan las 24 horas del día sin parar. Sin embargo, estos trabajadores no necesitan descansar, comer o dormir porque son robots.

2   Los robots industriales realizan tareas que requieren inteligencia y precisión. Hacen falta varios ingenieros para diseñar, construir y programar un tipo de robot para una tarea específica. Los robots usados en el trabajo están construidos para realizar tareas de manera más rápida y con mayor precisión que los humanos. El proceso de fabricación y la calidad son más uniformes también cuando intervienen los robots.

3   Las empresas de manufacturas usan robots para aumentar la producción cada año. Esto tiene sentido desde el punto de vista económico porque pueden ganar más dinero si crean más productos y reducen los costos laborales.

Robots en el trabajo

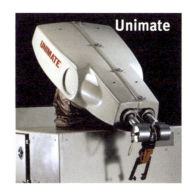

4   El primer robot introducido en un centro de trabajo se llamaba Unimate y fue inventado por George Charles Devol en 1954. General Motors (GM) lo utilizó por primera vez en 1961 para ayudar en la fabricación de automóviles en la cadena de montaje. Pronto los robots industriales fueron capaces de realizar otras tareas, como mover objetos pesados, juntar piezas o pintar productos.

5   Como consecuencia del desarrollo tecnológico, los robots pueden llevar a cabo tareas más complicadas. Por ejemplo, General Electric ha desarrollado robots con forma de araña para subir y hacer el mantenimiento de grandes aerogeneradores. Otra compañía, Kiva Systems, ha diseñado robots que ubican y transportan productos en un gran almacén y los dejan listos para el embarque a los clientes. Estos robots sacan esos productos de las estanterías y luego los entregan para el empaquetado. Algunos hospitales usan robots para dar medicinas a los pacientes.

6   Baxter es la última generación de robots en el trabajo. Rethink Robotics desarrolló Baxter para trabajar en colaboración con personas en el sector de las manufacturas. Baxter realiza una amplia gama de tareas repetitivas para empresas de metales y plásticos, y puede hacer el trabajo de dos o más personas. Rethink Robotics cree que las fábricas modernas necesitan trabajadores robot y humanos.

El robot Baxter.

7

¿Los robots roban o crean puestos de trabajo?

7   La amenaza de las máquinas que sustituyen a personas en el trabajo ha sido un fenómeno al que se han enfrentado los humanos durante siglos. En los últimos cincuenta años, sin embargo, los robots han alcanzado tal nivel de precisión que las amenazas para los trabajadores manuales son cada vez mayores.

8   Hasta hace poco, la mayoría de las industrias, a excepción de las manufacturas, estaban al margen de la invasión robótica. Sin embargo, según un informe de Bloomberg, los robots y las computadoras inteligentes podrían sustituir hasta la mitad de la fuerza laboral de Estados Unidos en las próximas dos décadas.

9   En 2014, la Universidad de Oxford hizo un estudio de 700 profesiones cuya tareas recaían exclusivamente en humanos. La investigación analizó qué empleos eran más proclives a ser sustituidos por la automatización. En la actualidad, se calcula que hay alrededor de 1.2 millones de robots en el mundo. Según Marshall Brain, autor de *Nación robótica*, eso significa un robot por cada 5,000 personas. Los robots pueden hacer ahora trabajos realizados hasta hace poco por farmacéuticos, abogados y asistentes jurídicos, responsables de créditos, conductores y empleados de establecimientos.

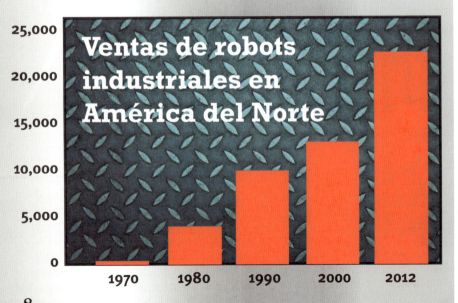

Ventas de robots industriales en América del Norte

Desde 2000, la venta de robots casi se ha duplicado.

1961: Unimate es el primer robot que se usa en el trabajo.

1974: Se crea 'Brazo de plata' para realizar montajes de precisión usando sensores táctiles y de presión y una microcomputadora.

Los robots en el futuro

10　　La realidad es que, cuando se programan correctamente, los robots pueden hacer muchas tareas mejor, más rápido y de manera más segura que las personas. Como consecuencia de unos robots eficientes se incrementa la producción y se desarrollan nuevos productos. La esperanza es que ese incremento de la producción y la creación de nuevos productos facilite la creación de más empleos para las personas. El marketing, las ventas y la distribución aumentan con la producción, y estos son puestos de trabajo para los humanos.

11　　Entonces, ¿qué deparará el futuro a robots y trabajadores humanos? Una computadora inteligente llamada Watson creada por IBM es tan buena en comprender y procesar el lenguaje de la gente, que ganó a competidores humanos en el concurso televisivo 'Jeopardy' en 2011. Últimamente, médicos han enseñado a Watson cómo reconocer diferentes tipos de cáncer y los tratamientos más apropiados para combatirlos. Watson también está siendo programado para empleos como agente de viajes y asesor financiero personalizado.

12　　Con todo, los robots tienen todavía que ser humanizados hasta el punto de ser capaces de sintetizar emociones, intuiciones y experiencias. Hasta que esto suceda, los humanos seguirán dominando el mercado laboral.

Grandes hitos en la creación del robot industrial

1978: PUMA (Operador universal programable para montaje) se introduce en cadenas de montaje en la industria. Muchas compañías siguen usando PUMA.

1988: Se crea el sistema de control Motoman ERD, capaz de controlar hasta 12 ejes a la vez.

1998: El sistema de mando XRC permite el control de hasta 27 ejes y el control sincronizado de tres a cuatro robots.

2013: Baxter se convierte en el primer robot industrial que trabaja junto con humanos.

Notas

Ciencia ficción

Compañeros

1   La agente Jane y el agente Rob habían sido compañeros desde 2038 durante casi dos años. Jane pensaba que Rob era fiable y competente, aunque a veces se sentía desanimada por el trato sin emociones de Rob. En cualquier caso, nadie es perfecto y, dicho sea de paso, ¡Rob era un robot!, su actitud inexpresiva y sin sustancia era de esperar.

2   Desde lejos, los agentes se parecían, excepto por su género, pero si estabas atento notabas que los movimientos de Rob eran más rígidos de lo habitual. De cerca, enseguida notabas que su cara y manos tenían rasgos metálicos.

3   Cuando Rob empezó a trabajar a las órdenes de Jane, ella no se entusiasmó, aunque con el tiempo comenzó a apreciar las cosas positivas de Rob, porque tenía valor y era decidido, dos cualidades importantes.

4   El día había empezado tranquilo, hasta que la radio de la policía anunció que un auto había atravesado una barandilla de protección y había caído al río. Enseguida, Jane encendió la sirena y corrió hasta el lugar donde vio el auto semihundido. El equipo de rescate iba en camino, pero no había tiempo que perder. Rob activó la función de rescate y se lanzó al río sin ningún miedo. Gracias a su inmensa fuerza, abrió la puerta del vehículo y sacó a un hombre y una mujer, y luego los llevó al arcén de la carretera. La mujer estaba inconsciente, mientras que el hombre tosía y expulsaba el agua que había tragado.

5   Enseguida, Jane entró en acción aplicando a la mujer reanimación cardiopulmonar. Mientras, Rob observaba. Cuando la mujer recuperó el conocimiento, Jane suspiró de alivio. Luego una ambulancia trasladó a la pareja al hospital.

6   Cuando los dos agentes entraron en su auto, Jane reflexionó cómo habían colaborado para salvar la vida de dos personas.

—Hiciste un buen trabajo, compañero —dijo ella.

7   —Tú también, compañera —respondió Rob.

DesarrollaPiensaEscribe

Ampliar los conocimientos

Robots: ideas principales	
1) ¿Cuáles fueron los tres hechos o detalles más importantes en "Policías robot"?	2) ¿Qué idea principal apoyaba estos detalles?
3) ¿Cuáles fueron los tres hechos o detalles más importantes en "Robots en el trabajo"?	4) ¿Qué idea principal apoyaba estos detalles?
Resumen: Teniendo en cuenta estas dos lecturas, ¿cómo resumirías el rol de los robots en nuestras vidas?	

Piensa

¿Cómo nos hacemos responsables de los avances tecnológicos?

Escribe otras ideas que tengas sobre la pregunta esencial.

_____

_____

_____

_____

_____

Escribir basándote en las fuentes

Narrativa

Imagina que eres uno de los personajes de alguno de los cuentos que has leído en la Unidad 2 o Unidad 4 y encuentras uno de los robots descritos en "Policías robot" o "Robots en el trabajo". Escribe una narración en primera persona que describa lo que sucedió.

Recuerda hacer tus anotaciones mientras lees.

Explorar las profundidades del océano

Kathy Furgang

1   Los océanos han fascinado siempre a los humanos. Hay evidencia de que alrededor del año 4500 a. e. c., culturas de la Antigua Grecia y la Antigua China hacían inmersiones en busca de alimentos. Cerca de 4000 a. e. c., se construyeron las primeras embarcaciones de vela. Desde entonces, los navegantes han narrado historias sobre "criaturas tan grandes como barcos", capaces de envolver y hundir un barco con sus largos tentáculos. No fue hasta siglos más tarde cuando los biólogos marinos fueron capaces de verificar que estos legendarios calamares eran reales. ¡Y todavía existían!

Notas

Una descripción antigua de un "monstruo de mar"

Calamar gigante

2   En 2012 se grabaron por primera vez imágenes de un calamar gigante en su hábitat natural a unos 1,000 metros (3,300 pies) de profundidad en aguas próximas a Japón. Usando los últimos avances en robótica y tecnología digital, el cebo bioluminiscente de la doctora Edith Widder sondeó las frías aguas del Pacífico Norte y capturó imágenes en vivo de un calamar gigante por primera vez en la historia. Este "enorme descubrimiento", dijo la CNN, "es una de las maneras en que la tecnología robótica ayuda a responder los grandes interrogantes de los científicos".

3   En el pasado, el océano era muy difícil de explorar. Los humanos ya tenían bastante con poder navegar sobre la superficie de los mares. Investigar todo lo que había debajo parecía una tarea imposible. Más allá de hallar una manera de respirar y moverse bajo el agua, los exploradores solo podían descender hasta que la presión del agua se hacía insoportable para el cuerpo humano. A 1,000 pies de profundidad, la fuerza de la presión es suficientemente grande para aplastar los pulmones de una persona. A mayor profundidad, el cráneo también sufre las consecuencias.

4   A pesar de, o quizás gracias a estos obstáculos, el océano ha continuado despertando la curiosidad de las personas. "Debajo de las olas hay muchos dominios por visitar y reinos por descubrir…", dejó escrito el explorador oceánico E. Forbes en su libro *La historia natural de los mares de Europa*, publicado en 1859.

5   La atracción del océano y el hambre de nuevos descubrimientos siguen motivando a las personas. La tecnología moderna promete continuar revelando más y más sobre el mayor bioma de la Tierra.

6   Durante siglos, las personas han inventado nuevas tecnologías para explorar el fondo submarino y los hábitats bajo el mar. Algunos inventos han servido para ayudar a los submarinistas a respirar bajo el agua por periodos cada vez más largos de tiempo. Otros los han protegido de los efectos dañinos de la presión del agua. En la década de 1860, innovaciones durante la Guerra Civil de EE. UU. condujeron a la creación de los primeros submarinos. Más tarde, durante las dos guerras mundiales, la invención del *scuba*, o equipo de buceo (aparato autónomo de respiración submarina) y el sonar (sistema de navegación y telemetría por ecos sonoros) fueron pasos esenciales en la ciencia oceánica.

7   Otro hito importante en la exploración subacuática fue el desarrollo de los sumergibles de gran profundidad. Uno de los primeros fue el Vehículo de inmersión profunda ALVIN, llamado así por Allyn Vine, un ingeniero pionero en el Woods Hole Oceanographic Institution de Massachussets, cuando se encargó del proyecto en 1964.

Los equipos de buceo y los sumergibles de gran profundidad son cada vez mejores.

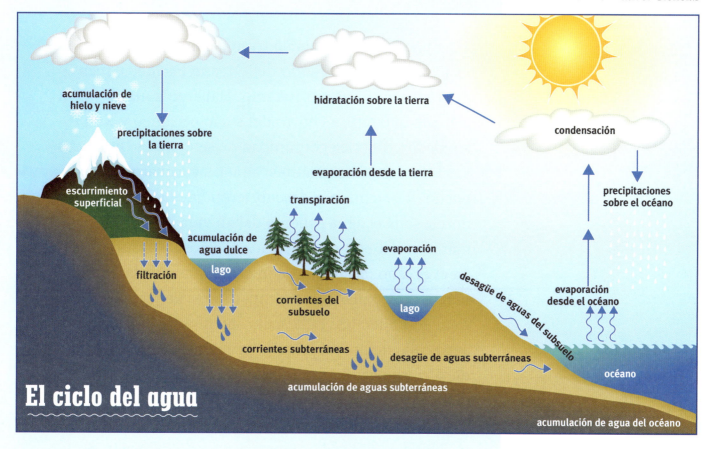

El ciclo del agua

Investigar el océano: análisis costo-beneficio

Explorar los océanos es costoso. Mantener la red de observatorios de las fundaciones nacionales de ciencia cuesta alrededor de 25 millones de dólares al año. Sin embargo, la información de los océanos es muy útil y valiosa. Comprender y contar con información actualizada sobre los océanos permite a los científicos monitorear el planeta y ver cómo funciona dentro de un sistema. La Tierra tiene cuatro grandes subsistemas: la atmósfera (aire), la hidrosfera (agua), la biosfera (vida) y la litosfera (tierra). Estas esferas interactúan constantemente. Los océanos constituyen la parte más grande de la hidrosfera. Comprender los océanos y su impacto en las otras esferas de la Tierra es vital para la supervivencia humana. Esto permite a los científicos hacer predicciones sobre las corrientes, el tiempo y los patrones climáticos. Monitorizar la salud de los océanos y el impacto de la contaminación sobre los organismos que viven en él es crucial para preservar los recursos alimenticios que ofrece el mar. Por ejemplo, más de un tercio de los mariscos que crecen en las aguas costeras de EE. UU. están afectados por la contaminación. El conocimiento de los océanos nos puede ayudar a actuar con responsabilidad para protegerlos. Las olas marinas son también la causa más importante de erosión costera en áreas no protegidas por las marismas. Comprender cómo los océanos interactúan con las demás esferas de la Tierra y su impacto permite adoptar medidas adecuadas.

8   En 1977, una pequeña tripulación de oceanógrafos viajó con ALVIN al fondo del Océano Pacífico e hizo un importante descubrimiento. Hallaron zonas de agua caliente que salía a chorro del suelo oceánico y, a su alrededor, una rica comunidad de seres vivos, incluidas lombrices de tubo gigantes, almejas y camarones. De hecho, los científicos descubrieron que las fuentes por donde salía el agua caliente daban vida a todas las plantas y animales del entorno. Ubicadas en áreas volcánicas activas en el océano, las fuentes son el resultado de la acción del magma volcánico que calienta el agua de mar, y son muy ricas en minerales. El descubrimientos de las fuentes de agua caliente proporcionó la primera evidencia a la ciencia de la existencia de ecosistemas que sobrevivían sin la luz del Sol.

9   En la actualidad, los avances tecnológicos continúan haciendo posible adentrarse en zonas oceánicas inexploradas. Desde su primera misión, ALVIN se ha sumergido más de 4,600 veces y ha sido mejorado con tecnología de vanguardia. Con dos brazos robóticos, puede recoger hasta 400 libras de muestras del fondo marino. Algunos robots sumergibles pueden alcanzar profundidades donde la presión y temperatura podrían en peligro la vida de los buzos. Estos vehículos no tripulados también toman fotografías y recogen muestras para su investigación.

10   Los científicos calculan que hasta el 95% de los océanos permanece inexplorado. Creen que puede haber más de un millón de nuevas especies por descubrir. Algunos descubrimientos futuros pueden beneficiar a la Tierra. Por ejemplo, las bacterias que viven cerca de las

Notas

Las fuentes hidrotermales, como estas "fumarolas blancas", permiten a los organismos sobrevivir sin luz solar en el fondo marino.

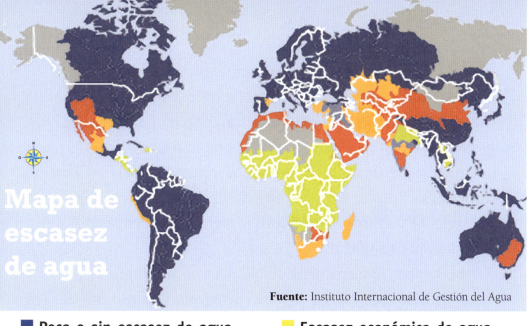

Mapa de escasez de agua

La escasez de agua puede ser causada por circunstancias geográficas y económicas.

Fuente: Instituto Internacional de Gestión del Agua

- 🟦 **Poca o sin escasez de agua**
- 🟥 **Escasez física de agua**
- ⬜ **No hay estimaciones**
- 🟨 **Escasez económica de agua**
- 🟧 **Cerca de escasez física de agua**

fuentes de agua caliente ayudan a descomponer peligrosos restos de sulfuro de hidrógeno de procesos industriales.

11   Según la Asociación Nacional Oceánica y Atmosférica (NOAA), "descifrar los misterios de los ecosistemas de las profundidades marinas puede alumbrar nuevas fuentes de medicinas, recursos energéticos y otros productos". Y la información de las profundidades marinas puede ser útil para predecir terremotos y tsunamis, y comprender los cambios en el clima y la atmósfera.

Agua, agua por todas partes, pero ni una gota para beber

El impacto de las personas en los ecosistemas de la Tierra has sido considerable los últimos siglos y la tecnología, por fin, está permitiendo a los científicos lidiar con nuevos retos. Por ejemplo, debido a la contaminación y al mal uso de recursos, la escasez de agua potable es una gran preocupación. Un informe de Naciones Unidas señala que en 2025, aproximadamente 1,800 millones de personas tendrán problemas por falta de agua. Las nuevas tecnologías ayudarán a conservarla y gestionarla mejor para satisfacer la demanda. Una de las vías más eficaces de paliar la escasez es la desalinización de agua de mar. Si se elimina la sal, el océano será un gran recurso de agua potable.

12 NOAA lidera los esfuerzos para explorar y hacer la cartografía de diferentes partes de los océanos. La organización lleva a cabo expediciones "para comprender, gestionar y proteger el océano y sus recursos…". Estas palabras recuerdan a los retos que afrontaron Lewis y Clark durante la exploración del oeste de EE. UU. a comienzos del siglo XIX. Ahora se tomarán fotografías y recogerán muestras para analizar.

13 El equipo de científicos de NOAA usa sumergibles y otros recursos tecnológicos para cartografiar y describir el fondo oceánico. Desde 2008, el Okeanos Explorer ha hecho expediciones en aguas del Triángulo de coral, Indonesia; la Depresión de las Caimán, donde se encuentra la cresta submarina más profunda de la Tierra y donde abundan las fuentes hidrotermales; o expediciones a hábitats profundos en el Golfo de México. El Okeanos Explorer es el único navío financiado por el gobierno federal de Estados Unidos. Su principal objetivo es "explorar la inmensidad del océano para comprenderlo mejor", señala NOAA.

14 La compañía tecnológica Google también está cartografiando el suelo marino con fotografías panorámicas de todo el océano. Este proyecto es parecido a Google Earth, si bien en lugar de hacer la cartografía de lugares en tierra, Google cartografiará y catalogará los océanos. Los científicos saben que estos datos son muy valiosos para enseñar a las personas sobre la vida marina, los hábitats submarinos y los cambios que tienen lugar en el océano.

15 Mientras muchos consideran el espacio exterior como la última frontera, algunos expertos, como el diseñador de submarinos Graham Hawkes, sostienen que es más importante para los humanos explorar las profundidades marinas. Robert Ballard, investigador oceanográfico y descubridor del Titanic, calcula que solo con el dinero que gasta la NASA en un año se podrían financiar 1,600 años de exploraciones oceánicas. Este tipo de exploración no solo serviría para profundizar en nuestra comprensión de los océanos sino que beneficiaría a las personas.

Exploración oceánica a lo largo del tiempo

1535
Una "campana" de metal apoyada sobre los hombros permite a un submarinista respirar bajo el agua por cortos periodos de tiempo.

1797
Se inventa el traje con casco. Los submarinistas llevan un casco hermético y un tubo para respirar, lo que permite la exploración bajo el agua durante una hora.

1914
Exploración acústica del fondo marino. Ondas sonoras rebotan entre icebergs y el suelo marino.

1925
Se cartografía el suelo marino con aparatos de sonido que pueden detectar y trazar mapas de las profundidades de distintas áreas del fondo oceánico.

1934
Submarinistas logran bajar por primera vez hasta lo 3,000 pies de profundidad y observan animales que desprenden luz de sus cuerpos para poder ver.

1964
Alvin se convierte en el primer sumergible de gran profundidad que puede transportar pasajeros. Lleva acabo la primera de unas 4,000 inmersiones.

1943
Jacques Cousteau inventa la botella de aire autónoma para respirar bajo el agua. Pronto seguirá el equipamiento de buceo moderno.

1965
Robots submarinos pueden llevar luces, cámaras y cables al fondo del mar.

1977
Se descubren las fuentes hidrotermales.

1990
Unas 3,000 sondas robot se despliegan a lo largo de los océanos para monitorizar el tiempo, el clima y las profundidades.

2010
Durante 10 años, los científicos completan un catálogo de la vida marina conocida. El directorio muestra dónde viven las especies y calcula cuántas hay.

2012
El director de cine James Cameron realiza la primera inmersión en solitario al punto más profundo del océano, la Fosa de las Marianas, a 35,756 pies.

Lectura de estudio de palabras 2

Recuerda hacer tus anotaciones mientras lees.

Notas

Jacques Cousteau, explorador de los océanos

1   Jacques Cousteau fue inventor, explorador, ecologista y director de documentales. Sus logros son incontables, pero muchos creen que su mayor legado fue dar la posibilidad a las personas de observar y explorar bajo el agua.

2   En 1933, el joven Cousteau resultó gravemente herido en un accidente de carro en Francia, y para reconstruir los músculos de su brazo, empezó a nadar usando unas gafas submarinas. Cuando vio lo que había bajo la superficie comenzó su interés por la biología marina.

3   Cousteau quería permanecer bajo el agua largos periodos para tomar fotografías. En 1943, con el ingeniero Emilie Gagnan, diseñó una bombona de aire para respirar que llamó 'Aqua-Lung', un aparato que ajustaba la presión atmosférica automáticamente, proporcionando aire donde se necesitaba. Así, un buzo podía descender a más profundidad y permanecer más tiempo bajo el agua.

4   En 1950, Cousteau compró un barco, el Calypso, y contrató una tripulación de expertos, incluidos biólogos y geólogos. El Calypso se convirtió en un famoso laboratorio flotante y estudio de películas. Cousteau y su equipo avanzaron en el conocimiento de la hidrosfera fotografiando vida marina nunca antes vista. Pronto sus fotografías y películas dieron la vuelta mundo.

5   En esa época, Cousteau hizo varios documentales bajo el agua, incluido *El mundo del silencio* (1956), ganador de la Palma de Oro del prestigioso Festival de Cannes (Francia). Más tarde, cuando creó el primer hábitat submarino para humanos, fotografió y filmó a científicos que vivían y trabajaban bajo el agua. El resultado fue *Un mundo sin Sol*, ganador de un Oscar.

DesarrollaPiensaEscribe

Ampliar los conocimientos

¿Es importante la exploración oceanográfica para nuestro futuro?	
Razón 1:	**Razón 2:**
Razón 3:	**Teniendo en cuenta tus razones, formula una conclusión.**

Piensa

¿Cómo nos hacemos responsables de los avances tecnológicos?

Escribe otras ideas que tengas sobre la pregunta esencial.

_____

_____

_____

_____

_____

_____

_____

_____

Escribir basándote en las fuentes

Texto informativo/explicativo

Después de leer "Explorar las profundidades del océano" y "Los robots en el trabajo", escribe un ensayo donde expliques las causas y efectos del uso de la tecnología. Usa detalles, ejemplos y citas de ambos pasajes.

Actualizar la arqueología

Ken Floyd

1 La arqueología es el estudio científico del pasado humano por medio de la recuperación y el análisis de reliquias materiales y datos medioambientales. Los arqueólogos ubican y estudian fósiles, artefactos y la arquitectura, así como elementos del medio ambiente tales como semillas de plantas o huesos de animales.

2 A lo largo de los siglos, muchos artefactos valiosos se han perdido por la acción de las fuerzas naturales o fueron robados por cazadores de tesoros. Ladrones de sepulturas han saqueado tumbas antiguas en busca de oro y joyas, y han destruido partes valiosas de enterramientos y cuerpos momificados.

3 Uno de los hallazgos arqueológicos más importantes, sin embargo, fue descubierto virtualmente intacto en Egipto cuando Howard Carter, un arqueólogo británico, desenterró la tumba del rey Tutankamón en 1922. Aunque alguna evidencia sugiere que la tumba había sido robada y vuelto a cerrar muchos años antes, Carter encontró intacta la momia del joven Tut, un antiguo rey de Egipto, junto con tesoros de incalculable valor. Estas increíbles reliquias continúan recorriendo museos y atrayendo multitudes.

Conceptos relacionados

La arqueología es una práctica interdisciplinar conectada con la ciencia y las humanidades. Los arqueólogos usan conocimientos de geología, química, biología, medicina y paleociencia, así como arqueología, historia, lingüística, literatura clásica y geografía.

Howard Carter en la tumba del rey Tutankamón en 1922.

4   Los científicos han incorporado los últimos avances tecnológicos para continuar el estudio de los artefactos y la momia hallada por Carter. La tecnología para llevar a cabo excavaciones ha mejorado mucho desde los tiempos de Carter. Durante cientos de años, los científicos cartografiaban un yacimiento y usaban palas y paletas para cavar bajo la superficie. También empleaban telas de alambre para cernir la tierra. Estos métodos eran lentos y tediosos y podían dañar los artefactos. Según un egiptólogo de la Universidad de Pensilvania, citado en 'National Geographic News', Carter habría manejado la evidencia física de su excavación con más cuidado si hubiera tenido acceso a la tecnología actual, como resonancia magnética (MRI), los escáneres CT y los estudios de ADN. Los arqueólogos modernos usan herramientas de alta precisión y métodos avanzados para preservar yacimientos y artefactos. Pueden localizar yacimientos por medio del radar y equipos de imágenes con láser, y analizan objetos usando escáneres y pistolas de rayos X. En la actualidad, los arqueólogos parecen personajes sacados de una novela de ciencia ficción con sus avanzados aparatos. "Cuando salgo al campo y hago arqueología llevo mi pistola de rayos X. No hay nada más parecido a la ciencia ficción que eso", señaló en una entrevista a 'LiveScience' la arqueóloga inglesa Ellery Frahm.

La ciencia de la arqueología

5   La primera excavación arqueológica conocida data de 555–539 a. e. c., cuando el rey Nabonido de Babilonia comenzó a buscar viejos templos y edificaciones en su reino para restaurarlos. Tuvo éxito al encontrar los cimientos de una construcción datada entre 2254 y 2218 a. e. c.

6   Durante los dos mil años siguientes, la fascinación de las personas por el pasado tuvo altos y bajos hasta el siglo XIX, cuando grandes avances en ciencia y tecnología sirvieron para revivir el estudio de la antigüedad.

7   El primer gran salto para establecer la arqueología como ciencia tuvo lugar en 1816 d. e. c., cuando el arqueólogo danés Christian Jurgensen Thomsen ideó el "Sistema de las tres edades" para clasificar artefactos de acuerdo con las tres eras de desarrollo tecnológico en las culturas prehistóricas. Los tres periodos establecidos son la Edad de Piedra, la Edad del Bronce y la Edad del Hierro, cada una referida al material dominante usado para producir bienes. Antes de Thomsen, los museos no tenían un sistema para clasificar objetos diferentes.

8   Más adelante, en la década de 1830, Charles Lyell propuso el principio de uniformismo. Teniendo en cuenta la ley de la superposición, que establece que las capas más viejas de rocas se encuentran debajo de las más nuevas, Lyell dedujo que los artefactos de las sociedades humanas más antiguas se hallarían en las capas de rocas más viejas. Esta idea ayudó a los arqueólogos a estimar las edades de objetos encontrados en diferentes niveles.

9   Luego, en la década de 1860, Guiseppe Fiorelli excavó la antigua ciudad romana de Pompeya, que había sido sepultada por la lava de un volcán el año 79 a. e. c. Según la Enciclopedia Británica, Fiorelli creó un "meticuloso" método de excavar capas, dejando intacta la mayor parte del yacimiento de Pompeya. El arqueólogo hizo observaciones y registró detalles sobre cada capa. Su trabajo influyó en los estudios y métodos de la arqueología moderna.

En 1881, trabajadores excavan en las ruinas perdidas de Pompeya (Italia), sepultada tras una erupción del volcán Vesubio varios siglos antes.

10   Hasta ese momento, la mayoría de los hallazgos arqueológicos se documentaban en dibujos hechos por artistas. En 1873, Augustus y Alice Le Plongeon fueron de los primeros arqueólogos que usaron la fotografía para registrar sus descubrimientos en yacimientos maya en América Central.

11   A partir de 1898, se empezaron a usar los rayos X para examinar momias. Esta técnica permitía a los científicos ver en su interior sin necesidad de una autopsia o sin abrirla. La nueva tecnología ayudaba a preservar la momia ya que ésta no había sido expuesta a la acción del aire y la humedad, lo que podía dañar los restos.

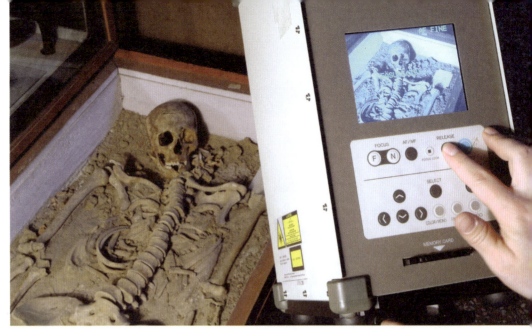

Nuevos escáneres digitales permiten a los científicos crear imágenes en 3D de artefactos antiguos.

12   El uso de rayos X continuó durante el siglo XX. En 1960, Edward Hall, una autoridad en arqueometría (o ciencia arqueológica), usó fluorescencia de rayos X (XRF) para analizar la composición de monedas romanas antiguas. La técnica permite identificar ciertos elementos sin dañar las muestras. Luego, se usaron escáneres CT con tecnología de rayos X para crear imágenes en 3D de artefactos y modelos reconstruidos de objetos. Los arqueólogos usan ahora pistolas portátiles XRF para analizar muestras sobre el terreno.

13   En el siglo XX también surgieron dos de los mayores avances tecnológicos en arqueología: la datación con radiocarbono y la tecnología de imagen por control remoto.

14   En 1949, la arqueología experimentó una gran revolución cuando el químico Willard Libby propuso una manera de determinar la edad de fósiles y artefactos usando análisis de radiocarbono. Libby descubrió que el carbón radioactivo, presente en todos los seres vivos, comienza a descomponerse a un ritmo predecible en el momento de la muerte. Así, la cantidad de materia descompuesta en el carbón radioactivo de los fósiles y otras formas de vida antiguas ayudaba a los científicos a determinar su edad. Por primera vez, la posibilidad de datar hallazgos de manera correcta cambió la manera en la que historiadores y científicos verían el pasado.

15   También mejoró la precisión cuando se buscaban posibles yacimientos. En la década de 1950, los arqueólogos comenzaron a usar instrumentos llamados magnetómetros para medir las propiedades magnéticas bajo la superficie terrestre. Las variaciones en el magnetismo del suelo, por ejemplo, pueden ayudar a identificar la presencia de objetos (artefactos) en áreas donde las actividades humanas tuvieron lugar. Los resultados se pueden registrar y cartografiar para tener una visión de conjunto del yacimiento para una exploración arqueológica.

16   Más tarde, en la década de 1960, el sistema LIDAR (Detección y localización por ondas luminosas), que usa una combinación de impulsos de luz con el radar, se instaló en aviones para buscar yacimientos. En la década de 1970, se usó un radar capaz de penetrar en el suelo para identificar estructuras enterradas. La tecnología facilitó a los arqueólogos trabajar con mayor rapidez y precisión. Esto les ayudó a localizar zonas de excavación y planificar su trabajo para proteger valisoso artefactos.

Cronología de la arqueología y la tecnología

1898
Arqueólogos usan por primera vez rayos X para examinar momias sin diseccionar y hacer autopsias de los restos.

1949
Willard Libby inventa la datación con radiocarbono y revoluciona la arqueología.

1950s
Los arqueólogos usan por primera vez magnetómetros para escanear posibles yacimientos.

1960
Edward Hall usa fluorescencia con rayos X (XRF) para analizar monedas romanas.

1962
Los arqueólogos empiezan a usar LIDAR para investigar posibles yacimientos.

1978
El Consejo de Investigación Nacional de Canadá inventa el primer escáner en 3D.

2000s
Imágenes LIDAR de alta resolución revolucionan el estudio de la arqueología.

17   En nuestra era digital, la tecnología de imágenes láser (LIDAR) está revolucionando la arqueología. Según Devi White, investigador principal del Laboratorio Nacional Oak Ridge, "muchos arqueólogos sitúan el impacto de las tecnologías geoespaciales, especialmente LIDAR, a la par con la datación con radiocarbono". En 2010, la tecnología ayudó a los arqueólogos a reconfigurar el mapa de Caracol, la ciudad "perdida" de los maya en Belize. Esto permitió a los científicos ahorrarse años de trabajo. "Los arqueólogos habían estado cartografiando esta ciudad durante 25 años", explica el periodista Douglas Preston, "hasta que tuvieron la oportunidad de sobrevolar el yacimiento con un LIDAR durante cinco días. Entonces se dieron cuenta que no habían detectado el 90% de lo que había allí".

18   "Los arqueólogos del espacio" pueden usar LIDAR, GPS y otros datos de satélites geoespaciales para investigar y cartografiar yacimientos ocultos bajo la superficie de la Tierra desde miles de kilómetros de distancia sin necesidad de viajar hasta el lugar. Esto hace que la detección remota sea muy útil en áreas demasiado peligrosas para una investigación sobre el terreno. Por ejemplo, Jason Ur, arqueólogo de la Universidad de Harvard, está usando esta tecnología para investigar nuevos yacimientos en Irak, donde se encuentra lo que él denomina "el paisaje arqueológico más rico de Oriente Próximo".

Expertos en genética continúan analizando el ADN del rey Tutankamón para saber más de su vida y muerte.

Biología y genética

En 2010, paleogenetistas fueron capaces de decodificar el ADN de un neandertal, ofreciendo nuevas claves sobre el origen de la raza humana.

Tecnología de detección remota

En un reciente informe, la NASA señala que "la mayor parte de la historia de la humanidad puede rastrearse a través del impacto de acciones de las personas sobre el medioambiente. La tecnología de detección remota ofrece la posibilidad de detectar estos impactos, que son a menudo invisibles a simple vista".

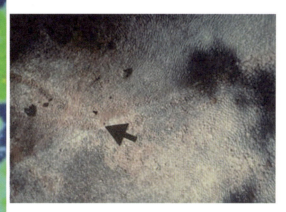

Los arqueólogos utilizan la detección remota en este sitio de Costa Rica.

19   Los avances en tecnología continúan mejorando la comprensión de los arqueólogos sobre el pasado. Aparatos como la pistola de rayos X y los escáneres CT de cuerpo entero permiten a los científicos estudiar artefactos muy valiosos sin dañarlos o destruirlos. Los radares de penetración en el terreno, magnetómetros y el sistema LIDAR instalado en satélites ayudan a encontrar antiguos yacimientos que podrían permanecer ocultos para siempre. Los escáneres de tres dimensiones y las cámaras de última generación permiten a los especialistas crear objetos sobre una pantalla.

20   La tecnología ha permitido a los arqueólogos ahorrar tiempo y dinero durante una excavación. Pueden resolver misterios sobre artefactos y edificios antiguos en cuestión de minutos en lugar de semanas o meses. Avances en química y tecnología láser y digital los ayudan a descifrar los misterios del pasado en los fósiles.

Notas

Arqueología de alta tecnología

1   Nuevos avances en tecnología LIDAR están cambiando la manera en que los arqueólogos estudian el pasado. ¿Qué es la tecnología LIDAR? Es un método de detección remota que usa impulsos de luz para crear imágenes precisas de la superficie terrestre. Las iniciales de LIDAR significan "detección y localización por ondas luminosas" y su equipamiento incluye láser, un receptor GPS especial y un escáner. Se instala en un avión que sobrevuela el área de investigación.

2   Recientemente, LIDAR se usó en un estudio arqueológico en Nueva Inglaterra. La mayoría del territorio está cubierto de bosques, por lo que los científicos tenían problemas en determinar cómo era esa zona durante el periodo colonial. Gracias a LIDAR, han podido hallar los caminos, paredes de granjas y asentamientos del siglo XVIII. Es increíble pensar que estas cosas todavía existen en medio del bosque. ¡Pero allí están!

3   Katherine Johnson, investigadora de la Universidad de Connecticut al frente del proyecto de Nueva Inglaterra, investigó tres localidades en Connecticut, Massachusetts y Rhode Island. Sus escáneres sacaron a la luz cimientos de casas, caminos y otras construcciones levantadas por los primeros colonos y agricultores. Luego, cuando estas personas se mudaron a pueblos y ciudades, la vegetación creció sobre sus granjas y viviendas. Gracias a LIDAR, Johnson puede meterse en el bosque y localizar cimientos y paredes que otros jamás habrían encontrado.

4   Además del proyecto Nueva Inglanterra, LIDAR ha sido utilizado por arqueólogos de todo el mundo. Los usuarios de esta nueva tecnología creen que se trata de una herramienta excelente. ¿Por qué? LIDAR los ayudará a conseguir sus metas: descubrir y aprender de las civilizaciones del pasado.

DesarrollaPiensaEscribe

Ampliar los conocimientos

Después de leer sobre avances en la ciencia arqueológica descritos en "Actualizar la arqueología", elige los tres avances que consideres más importantes y por qué.

	Avances más importantes	Importancia de ese avance
1.		
2.		
3.		

Piensa

¿Cómo nos hacemos responsables de los avances tecnológicos?

Escribe otras ideas que tengas sobre la pregunta esencial.

_____

_____

_____

_____

_____

_____

Escribir basándote en las fuentes

Argumento

En "Explorar las profundidades del océano", el autor comenta los costos y beneficios de la exploración oceánica. Escribe un ensayo en el que argumentes cuáles de las tecnologías sobre las que has leído en esta unidad tiene el mayor beneficio para la sociedad. Apoya tu afirmación con detalles de los dos pasajes.

Pautas para la investigación/Utilizar hechos y detalles

▶ **Después de leer "Explorar las profundidades del océano" y "Los robots en el trabajo", escribe un ensayo donde expliques las causas y efectos del uso de la tecnología. Usa detalles, ejemplos y citas de ambos pasajes.**

Anota en la tabla siguiente algunas palabras, frases o datos que te sirvan de guía para escribir el ensayo explicativo. A la derecha escribe su significado o importancia.

Palabra, frase o dato	Significado o importancia
causa	
efecto	
tecnología	
influencia	
consecuencia	

Cognados

explicar	
explicación	
explicativo	
explicable	

¿Qué otros derivados de la palabra *"explicar"* conoces?

¿Son todos cognados?

Utilizar hechos y detalles del texto para apoyar tus explicaciones

Hechos y detalles del texto	Lo que uso para apoyar mi explicaciones

Entre compañeros

• *En el pasaje _____ dice que _____.*
• *Creo que es importante porque _____.*
• *Eso explica _____.*

Organizar un texto explicativo

Tabla para organizar un ensayo explicativo

Partes del ensayo	Mis ideas
Enunciado introductorio: escribir la pauta de manera que exprese el tema principal del ensayo	
Desarrollo: información de ambas fuentes: • Detalles clave • Ejemplos de causa y efecto • Citas	
Conclusión: recalcar la idea principal	

Entre compañeros

• Creo que la tecnología _____.

• La causa es _____.

• Y el efecto es que _____.

Palabras de transición que me ayudan a escribir mi explicación

Para indicar...	Puedes usar estas palabras o frases...
detalles clave	tuvo una gran importancia, cabe destacar que, fue esencial para
ejemplos	por ejemplo, tales como, algunos ejemplos son
causa y efecto	por esa razón, como, ya que, debido a, trajo como consecuencia, dio como resultado
conclusión	por lo tanto, en resumen, en conclusión, finalmente

Entre compañeros

• Voy a usar las palabras _____ para apoyar mi explicación sobre _____ de la siguiente manera: _____.

Ampliar el vocabulario académico

Palabras importantes para escribir el ensayo explicativo

Las palabras siguientes son parte del vocabulario específico de las dos lecturas en que basarás tu ensayo. Familiarízate con ellas antes de empezar a escribir para que las uses de forma precisa en el ensayo.

Palabra o frase	Definición
industrial	
producción	
fuerza laboral	
distribución	
bioluminiscente	
oceanógrafos	

Entre compañeros

- Para mí la palabra ____ quiere decir ____ .
- Por ejemplo, ____ .

Vocabulario técnico específico del tema

Hay palabras o expresiones que se emplean en el lenguaje propio de un arte, ciencia, oficio, etc. A eso se le llama vocabulario técnico. Al escribir el ensayo explicativo, es importante que uses un vocabulario preciso porque eso te ayudará a expresar claramente tus ideas y demostrará que conoces el tema. En la tabla siguiente escribe otras palabras específicas de las dos lecturas y oraciones que podrías incluir en el ensayo.

Palabra o frase	Oración
fabricación	
invasión robótica	
automatización	
inmersión	
presión	
submarino	

Entre compañeros

Elige dos o tres palabras que haya usado tu compañero y hablen de cómo podrían serles útiles en el ensayo.

Utilizar las normas del español

Emplear el lenguaje técnico con el objetivo de escribir eficazmente

Vocabulario general, no específico	Lenguaje técnico, o específico
Los buzos necesitan aparatos para bajar a lo hondo.	Los buzos necesitan un tanque de oxígeno para sumergirse a grandes profundidades.
Los robots hacen muchas cosas útiles.	Los robots se emplean en diversas ramas de la ciencia y la economía.

Entre compañeros

Escribe la palabra o expresión correcta en cada caso.

- *Voy a inventar un _____ que me haga la tarea.*
- *Vimos un documental sobre los _____.*
- *¿Qué hace un _____ si se encuentra con un tiburón?*

Banco de palabras

buzo

robot

submarinos

¡Tu turno!

1. Completa la oración usando una de las palabras de raíz griega estudiadas.

2. Encierra en un círculo la raíz.

Recuerden que conocer el significado de las raíces griegas más comunes les da pistas para entender el significado de muchas palabras científicas.

En una bahía _____ los peces brillan en la oscuridad.	**bioluminiscente, biológicas**
Los meteorólogos predicen los fenómenos de la _____.	**hidrosfera, atmósfera**
La _____ de la Tierra está compuesta de muchos seres vivos.	**geología, biosfera**
Me gustaría ser _____ para conocer bien nuestro planeta.	**geógrafa, fotógrafa**

Apoyo para la Conversación Colaborativa

Pautas de conversación

Expresa ideas y opiniones

Cuando leí _____, esto me hizo pensar que _____.

Teniendo en cuenta la información de _____, mi [opinión/idea] es _____.

Mientras [escuché/leí/miré] _____, se me ocurrió que _____.

Fue importante que _____.

Toma la palabra

Me gustaría añadir un comentario. _____.

Disculpa por interrumpir, pero _____.

Eso me hace pensar que _____.

Amplía la idea u opinión de un compañero

Ese es un punto interesante. Se me ocurre que _____.

Si _____, entonces tal vez _____.

[Nombre] dijo _____. Eso puede significar que _____.

Expresa acuerdo con la idea de un compañero

Estoy de acuerdo en que _____ porque _____.

También siento que _____ porque _____.

[Nombre] hizo el comentario de que _____, y yo pienso que es importante porque _____.

Expresa desacuerdo mostrando respeto

Entiendo tu punto de vista de que _____, pero, en mi opinión, _____ porque _____.

Esa es una idea interesante, pero ¿tuviste en cuenta el hecho de que _____?

No estoy de acuerdo con que _____. Creo que _____ porque _____.

Haz una pregunta aclaratoria

Dijiste _____. ¿Puedes explicar lo que quieres decir con eso?

No entiendo cómo tu evidencia apoya esa conclusión. ¿Puedes añadir algo más?

No estoy seguro de entenderte. ¿Estás diciendo que _____?

Aclara para los demás

Cuando dije _____, lo que quise decir fue que _____.

Llegué a mi conclusión porque _____.

Roles del grupo

Director de debate:
Tu rol es guiar la conversación del grupo. Pide a tus compañeros que expliquen y apoyen sus respuestas.

Redactor:
Tu trabajo es anotar las ideas del grupo y los puntos de conversación importantes.

Responsable del resumen:
En este rol, volverás a exponer los comentarios del grupo y las conclusiones. Comprueba con el grupo que esto refleja fielmente sus ideas.

Conector:
En este rol, buscarás conexiones entre las conversaciones del grupo y las ideas de las que has hablado en clase o sucesos que han ocurrido en el mundo real.

Presentador:
Tu rol es proporcionar a la clase una visión de conjunto de las discusiones del grupo.

Moderador:
Controlarás el tiempo y ayudarás a tus compañeros a seguir con la tarea.